AF349461

GÉMINIS

Leo Kabal

Editorial ⊙ Creación

Temática: Astrología, Horóscopo, Angelología
Colección: Esencia Cósmica

© Leo Kabal
© Editorial Creación
   Jaime Marquet, 9
   28200 - San Lorenzo de El Escorial
   (Madrid)
   Tel.: 91 890 47 33
   http://www.editorialcreacion.com
   http://editorialcreacion.blogspot.com/

Diseño de portada: Mejiel

Primera edición: mayo de 2013
ISBN: 978-84-15676-28-7
Depósito Legal: M-14519-2013

CONTENIDO

INTRODUCCIÓN

Saber hoy a ciencia cierta cuándo empezó la Humanidad a interesarse por los astros y cuáles fueron las bases de lo que se conoce como Astrología, es una tarea difícil, por no decir imposible.

No obstante, cuando miramos hacia atrás en el tiempo intentando buscar un origen, encontramos que la mayoría de los pueblos de la antigüedad tenían muy en cuenta las posiciones planetarias a la hora de tomar decisiones importantes. Todo el mundo creía en ella y los reyes tenían a sus propios astrólogos, a los que consultaban para tomar las decisiones relevantes.

Aunque la ciencia astrológica se remonta más atrás en el tiempo, los doce signos astrológicos, tal como los conocemos hoy, aparecieron en Babilonia, en el siglo V a. C. Este sistema consiste en la división del cielo en doce partes iguales de 30 grados cada uno.

Pero signos y constelaciones no son lo mismo, aunque muchos hayan querido confundir los términos para desacreditar a los astrólogos y la Astrología. Expliquemos la diferencia.

La Eclíptica es el círculo imaginario que atraviesa el Sol en su recorrido anual aparente alrededor de la Tierra, aunque en realidad se trata de una proyección en los cielos de la linea imaginaria que dibuja la Tierra en su movimiento de traslación (recorrido anual alrededor del Sol).

A un lado y otro de la Eclíptica hay una franja celeste denominada Zodiaco, dentro de la cual permanecen el Sol, la Luna y los planetas. En esta franja hay doce constelaciones cuyos nombres son los mismos que el de los doce signos. Pero a diferencia de los signos, las constelaciones tienen una longitud desigual, es decir, no miden 30 grados cada una, sino que unas miden más y otras, menos.

Hay algunos astrólogos que afirman que primero fueron los signos y después vinieron las constelaciones. Es decir, los signos fueron dados a la humanidad primitiva por inspiración. Después, el hombre buscó algo semejante en los cielos y encontró las constelaciones.

Sea como fuere, lo importante es que los signos astrológicos y las constelaciones de estrellas no son lo mismo. Los signos son sectores del Zodiaco de 30 grados cada uno y las constelaciones tienen una longitud diferente. Además, debido a la precesión de los equinoccios, tampoco coinciden en el comienzo de la primavera, cuando el Sol cruza el ecuador celeste, sino que, en ese punto, el Sol cruza el grado cero de Aries en lo referente a los signos, mientras que en lo referente a las constelaciones, varía. Ese es el motivo de que cuando el Sol se encuentra en el signo de Aries, actualmente lo hace en la constelación de Piscis. Es también la base para afirmar que la Humanidad está actualmente en la Era de Piscis y camina hacia la Era de Acuario.

Pero en lo referente a los signos, esto no debe preocuparnos, ya que siguen siendo los mismos, y las fechas en las que rigen cada uno de ellos permanecen invariables.

Según algunos astrólogos modernos, la Astrología no es solo un sistema de predicción, sino que comprende la esencia cósmica de la cual todos nos nutrimos tanto material como espiritualmente. De hecho, los nombres de los doce signos corresponden a doce entidades espirituales que se ocupan de hacernos llegar la energía con la que construimos y desarrollamos nuestra existencia.

En el principio de los tiempos, al iniciar la creación de nuestro Sistema Solar, Dios trazó un espacio, de donde tomó la esencia para que su obra creciera y se multiplicara. Este espacio es conocido con el nombre de Zodiaco. De este Zodiaco procede la esencia que ha dado forma a todo lo que existe hoy en nuestro Sistema Solar, incluidos nosotros.

De lo que antecede podemos deducir que el Zodiaco es mucho más importante de lo podría parecer a primera vista, pues sin él no existiría nada en nuestro universo solar.

Vemos así que el Zodiaco marca la evolución de la Humanidad a través de los signos conocidos como Aries, Tauro, Géminis, Cáncer, Leo, Virgo, Libra, Escorpio, Sagitario, Capricornio, Acuario y Piscis. Cada individuo debe renacer constantemente en los distintos signos para evolucionar mediante las vivencias que cada uno le aporta.

Así, en el sentido cósmico, cuando nacemos en Aries, traemos al mundo un nuevo designio divino, un proyecto original, que iremos desarrollando a través de las distintas etapas, es decir, en las distintas encarnaciones por las que hemos de pasar. La rueda astrológica se convierte así en la rueda de los renacimientos a través de los cuales evolucionamos desde la inconsciencia hacia la omnisciencia. La meta es convertirnos algún día en dioses creadores. El orden evolutivo sigue un orden distinto del de la rueda astrológica, que como sabemos es Aries, Tauro, Leo, etc., hasta Piscis.

En el orden cósmico primero es el Fuego: Aries, Leo y Sagitario. Segundo, el Agua: Cáncer, Escorpio y Piscis. Tercero, el Aire: Libra, Acuario y Géminis. Y por último, la Tierra: Capricornio, Tauro y Virgo.

Este sería el orden lógico en la evolución. O sea, primero encarnaríamos en los signos de Fuego, luego en los de Agua, etc. Y, al llegar al último signo de Tierra: Virgo habríamos culminado nuestra evolución y adquirido todas las experiencias necesarias para llegar a ser dioses creadores. Pero este orden fue roto porque los hombres no fuimos capaces de asimilar las energías divinas tal como se nos iban proporcionando. De esta forma, unas veces fuimos hacia adelante y otras hacia atrás, unas veces avanzando y otras quedándonos rezagados.

Por este motivo, tenemos que culminar varios ciclos desde Aries a Virgo antes de alcanzar la perfección, pero ahora ya no seguimos el orden primordial: Fuego, Agua, Aire y Tierra, sino que, debido al estancamiento en algunas etapas, tenemos que volver a ellas de nuevo. Por eso, en una encarnación podemos nacer en Aries, mientras que en la siguiente lo hacemos en Tauro o Libra, dependiendo de los trabajos pendientes de realizar que hayamos dejado en el camino.

El signo del horóscopo bajo el cual hemos nacido marca únicamente el lugar del sol en nuestra carta natal. Para un estudio más profundo, cada lector debe recurrir a la interpretación de su carta astral completa, porque ella le descubrirá muchos más aspectos de su personalidad y su trabajo en la vida presente que el estudio simple del signo bajo el cual ha nacido. Aunque sin duda el sol en un horóscopo marca el lugar donde se instala nuestro Yo en la presente encarnación para poder llevar a cabo su programa de vida marcado por las demás tendencias de nuestra carta de nacimiento. Por ese motivo, cualquier estudio sobre él es de la máxima importancia. Más adelante, si el lector lo desea, podrá estudiar su carta con profundidad y desarrollar su potencial en todos los aspectos. Mientras tanto, le ofrecemos este pequeño estudio para que pueda conocerse un poco más y aprenda a conducirse de acuerdo con la energía de los astros para hacer su vida un poco más llevadera.

Acuario
Capricornio
Sagitario
Piscis
Escorpio
Aries
Libra
Tauro
Virgo
Géminis
Leo
Cáncer

GÉMINIS

21 de mayo al 21 de junio

Dominio de las palabras y la comunicación

Elemento: Aire

Símbolo: Ⅱ

Color: Gris

Planeta regente: Mercurio

Gemas: Cristal, aguamarina

Metal: Mercurio

Día de la semana: Miércoles

Números de la suerte: 3 y 5

Imagen medieval de Géminis.
(Libro de Horas del siglo XIV).

Imagen medieval de Mercurio, planeta regente de Géminis y Virgo.
De Sphaera.

SÍMBOLOS DE GÉMINIS Y MERCURIO

♊ ☿

En el dibujo se pueden apreciar dos líneas paralelas: ♊, que tienen un medio círculo en cada extremo. Simboliza la dualidad del alma (el medio círculo representa al alma), las dos naturalezas humanas. Ambas se apoyan y dirigen hacia lo material y hacia lo espiritual. Es la imagen de la dualidad con todo lo que ello conlleva: oposiciones contrarias o complementarias, bien y mal, frío y calor...

En Mercurio vemos el semicírculo sobre el círculo y la cruz ☿. El círculo en medio (el espíritu) puede dirigirse hacia la materia (la cruz) o hacia el desarrollo del alma (el semicírculo). Mercurio simboliza en un horóscopo la razón, la inteligencia, la comunicación, la exteriorización del pensamiento. Actúa como un foco para frenar la naturaleza inferior y elevarnos de nuestro estado humano al divino.

ALEGORÍA DE GÉMINIS

... Y era de mañana cuando Dios se puso ante sus doce hijos e implantó en cada uno la semilla de la vida humana, Cada hijo, uno a uno, dio un paso adelante para recibir el don que se le había destinado.

—A ti, GÉMINIS, te doy las preguntas sin respuestas, para que aportes a todos una compresión de aquello que ven en su entorno. Nunca sabrás por qué los hombres hablan o escuchan, pero en tu búsqueda de respuesta, encontrarás mi don, el CONOCIMIENTO».

Y Géminis volvió a su sitio

Entonces Dios dijo:

—Cada uno de vosotros tiene una parte de Mi Idea. No confundáis esta parte con la totalidad de Mi Idea, ni intentéis cambiaros las partes entre vosotros. Porque cada uno de vosotros es perfecto, pero eso no lo sabréis hasta que los doce seáis uno. En este momento, Mi Idea, en su totalidad, será revelada a cada uno de vosotros.

Y los hijos se fueron, decidiendo cada cual hacer su trabajo lo mejor posible, para poder recibir su don. Pero ninguno comprendió totalmente su tarea ni su don, y cuando volvieron confusos, Dios les dijo:

—Cada cual cree que los otros dones son mejores. Así, pues, os permitiré intercambiarlos.

Y, de momento, cada hijo se entusiasmó considerando todas las posibilidades de su nueva misión. Pero Dios se sonrió diciendo:

—Volveréis a mí muchas veces, pidiendo que os releve de vuestra misión, y cada vez os concederé vuestro deseo. Pasaréis por incontables encarnaciones antes de que cumpláis la misión original que os he prescrito. Os concedo un tiempo ilimitado para llevarlo a cabo, y sólo cuando lo hayáis conseguido podréis estar conmigo.

PERSONALIDAD

Géminis es el tercer signo de Aire, el que exterioriza las ideas y pensamientos. Se encarga de la exteriorización del contenido mental, es decir, pone las ideas al servicio de los demás.

Es muy comunicativo, maneja la palabra con especial soltura, y suele hacerlo tan bien, que más que convencer, encandila a su interlocutor. Aprovechará cualquier medio para hacerlo: por escrito, a través de conferencias, en conversaciones, en internet... Le gusta tanto hablar y comunicar que, a veces, hay que pararle y hacerle ver que no está dejando hablar a los demás.

Las nuevas tecnologías parecen estar hechas para él. El ordenador le proporcionará las herramientas para estar comunicado con todo el mundo, a través de internet y las redes sociales, cosa que le encanta.

Aprovechará los medios modernos, como el teléfono móvil para estar localizado y poder comunicarse con los demás en cada momento y mantener largas y amenas conversaciones desde cualquier parte en la que se encuentre.

Es alegre, elocuente e intelectualmente curioso.

Su búsqueda de conocimiento es muy amplia, ya que rara vez su curiosidad se siente satisfecha. Sin embargo, le falta la profundidad necesaria para llegar a dominar cualquier tema intelectual. Irá de una cosa a otra, de un conocimiento al siguiente sin terminar de aprovechar ninguno, aunque, a los ojos de los demás, parecerá que domina todos los temas. Pero lo cierto es que le irá muy bien el dicho de «aprendiz de todo, maestro de nada».

La compañía de un Géminis nunca será aburrida, ya que sacará un tema de conversación de cualquier cosa.

Como es más bien intelectual, huirá de los sentimentalismos, y a las personas emotivas les parecerá que se muestran fríos, porque se rigen más bien por la lógica y la razón.

Es un signo complejo representado por los gemelos, que simbolizan la dualidad, lo cual se refleja la mayoría de las veces en su carácter. En efecto, un Géminis puede mostrar dos naturalezas. Esto será percibido por los demás como si una vez fuese la persona más buena del mundo; y otra, la más mala. Será, simbólicamente hablando, el Dr. Jeckill y Mr. Hyde.

También se mostrará dual en otras facetas de la vida. Puede que esté haciendo dos cosas a un tiempo: leer dos libros a la vez, tener dos trabajos al mismo tiempo, etc. Incluso algunas veces, esta doble personalidad, le puede llevar a tener dos parejas al mismo tiempo, cosa que para otros signos sería una aberración.

Le gusta estar constantemente activo y variar de ambiente cada dos por tres. Por eso suele viajar bastante a lo largo de su vida y le encanta conocer sitios nuevos.

Tenga la edad que tenga, siempre muestra un carácter juvenil que le permite asomarse al mundo con otros ojos, y los demás perciben también esta aparente juventud y camaradería en él. Además, casi siempre suele aparentar menos edad de la que tiene.

Muchos Géminis consideran la vida como una aventura emocionante y reciben todo lo nuevo como algo fascinante que renueva la vida y la sociedad.

El paro y la ociosidad le desespera bastante y procura mantenerse siempre ocupado, ya que si no, se aburre como una ostra.

Se adapta fácilmente a cualquier situación o cambio y detesta el excesivo rigor de algunas personas.

Su principal misión consiste en hablar y escribir, comunicar a los demás todo lo que ha concebido, a través de cualquier medio.

CUALIDADES A DESARROLLAR

Sociabilidad.
Elocuencia.
Alegría.
Vivacidad.
Curiosidad.
Flexibilidad.
Independencia.
Dinamismo.
Facilidad de palabra.
Entusiasmo

DEFECTOS A SUPERAR

Inconstancia.
Verborrea.
Nerviosismo.
Tendencia a la mentira
Superficialidad.
Irritabilidad.
Intolerancia.
Envidia
Brusquedad.
Violencia.

AMOR Y COMPATIBILIDAD

Como es muy sociable, le encanta conocer gente. Sabe muy bien como desplegar sus encantos y siempre resulta agradable estar a su lado, porque es una persona inteligente, alegre y espontánea, con quien es casi imposible aburrirse.

Sin embargo, al ser de naturaleza dual, suele cambiar frecuentemente de humor. Se muestra unas veces encantador y otras detestable.

Enamorarse de un Géminis, puede resultar decepcionante, si la persona que lo hace es de un signo fijo, de Agua (Cáncer, Escorpio y Piscis), de Tierra (Capricornio, Tauro y Virgo), o con tendencia a la estabilidad. Géminis no se atará mucho tiempo a una persona y se mostrará inestable. Su conducta será del todo imprevisible y le costará bastante guardar fidelidad.

Congeniará bastante bien, y sí puede llegar a tener una relación duradera, con los demás signos de Aire (Libra y Acuario), con los que compartirá una cierta tendencia al desapego y una necesidad de estímulos mentales.

También será compatible con los demás signos de Fuego (Aries, Leo y Sagitario), pues les gusta el dinamismo, la rapidez y el optimismo que desprenden.

Debido a su curiosidad y su necesidad de experiencias en todos los ámbitos, hará que le resulte muy difícil llegar a cierta estabilidad, ya sea en su hogar, con sus amistades, o con el amor de pareja.

Necesita emprender muchas cosas a la vez y, debido a su naturaleza dual, puede llegar a mariposear en el amor y mantener dos o varias relaciones a un mismo tiempo, lo que para un signo fijo de Tierra o de Agua puede resultar fatal y le haría bastante daño.

Dará más importancia a una relación con quien pueda desarrollar algún tema de tipo intelectual que a quien solamente se muestra enamoradizo y sensual, y otorgará mayor valor a los sentimientos. No soportará a quien quiera tenerle única y exclusivamente para él.

Sus éxitos amorosos se deberán a su elocuencia y a su verborrea, que encandilará al sexp opuesto y le hará rendirse a sus pies. Resultará, en este sentido, como un mercader que, para colocar su mercancía, deslumbra a su auditorio, con una serie de discursos encantadores, aunque a veces se trate de mentiras y, al final, no quede nada.

Hay un tipo de Géminis evolucionado, sin embargo, que no será tan superficial, sino más auténtico y todo lo que diga y haga estará impregnado de esta autenticidad.

GÉMINIS - ARIES

En principio, es una buena combinación, el Fuego y el Aire se complementan armoniosamente. Aries hallará en Géminis al compañero/a ideal con el que nunca se aburrirá, pues nunca le faltará tema de conversación; y Géminis encontrará en Aries un aliciente mental. Ninguno de los dos signos es aburrido, por lo que siempre encontrarán algo con lo que pasar el rato y divertirse.

Al no tratarse de signos fijos, ninguno de los dos busca una relación estable y duradera, ya que ambos están más bien identificados con el cambio y las múltiples experiencias. Pero si se complementan hasta el extremo de trabajar en causas comunes, la relación puede ser muy fructífera y duradera, ya que Aries tendrá en Géminis la fuerza intelectual que le falta para desarrollar sus actividades físicas; y Géminis podrá obtener de Aries la fuerza y el valor para desarrollar sus actividades intelectuales.

GÉMINIS - TAURO

No son compatibles. Además, tenemos aquí a los dos signos más diferentes del Zodiaco. Por un lado, Géminis es el más inestable y voluble; y por el otro, Tauro es el más firme y estable.

Con estas diferencias podemos decir que será muy difícil conciliarlos.

Puede que Tauro se deje encandilar por la elocuencia de Géminis y crea que, en verdad, ha encontrado a la parte que le falta o alma gemela, pero pronto se dará cuenta de que no es así, pues en cuanto intente una relación seria basada en la estabilidad y quiera acapararlo, Géminis se esfumará como la espuma.

Intelectualmente, Tauro se interesará por pocos temas y profundizará en ellos hasta llegar a dominarlos, mientras que Géminis se interesará por todo pero de una manera más superficial.

GÉMINIS-GÉMINIS

Es esta una mezcla de Aire y Aire de la misma naturaleza. Por tanto, en principio, tienden a entenderse perfectamente. Los dos son flexibles y tienen afinidades intelectuales. Existirá similitud sobre los puntos de vista y la comprensión de los problemas que pudieran plantearse.

Como los dos son independientes, entenderán perfectamente las escapadas del hogar del uno y del otro y respetarán su espacio.

Serán como dos niños que comparten los mismos gustos y aficiones y están entusiasmados con la idea de probar nuevas aventuras.

A pesar de no ser sensuales, pueden entenderse en el amor perfectamente, pues los dos disfrutarán en la búsqueda de sensaciones nuevas con las que sorprender a su pareja. Pero se lo tomarán más bien como un juego de niños.

Como los dos son nerviosos, pueden surgir problemas a la hora de plantear algún tema en el que no estén de acuerdo. Sobre todo, cuando uno intente imponer su punto de vista sobre el otro. Pero esto, por lo general, no llegará a mayores, ya que si uno de los dos se muestra tozudo, el otro abandona y vuelve cuando se ha pasado la tormenta cambiando hábilmente de tema y dejando de lado el anterior como si no hubiera existido.

GÉMINIS - CÁNCER

No son signos entre los cuales pueda haber una buena relación ni entenderse bien, pues Cáncer puede ver con desagrado la personalidad un tanto inquieta y atrevida de Géminis, y a este no le gustará la sutilidad y fragilidad de Cáncer.

Son signos incompatibles, ya que Agua y Aire no son fáciles de unir.

Como hemos dicho anteriormente, el nativo de Cáncer está apegado a la familia y le atribuye una importancia capital. No así Géminis, que es todo lo contrario: es independiente y huye rápido del seno familiar. Cáncer es más casero y tradicional, mientras que Géminis huye de los convencionalismos y no se ata a nada.

Hay, no obstante, todo lo anterior, puntos comunes en los que podrían intentar armonizar o llevarse bien. Cáncer deber abandonar un poco la seguridad de la vida familiar para viajar en ocasiones al lado de su compañero/a; y Géminis debe respetar el gusto de su pareja por el hogar y permanecer un poco más de tiempo en él o quedar allí con sus amistades, en lugar de hacerlo en el bar o el restaurante.

Para evitar que el rencor perdure en el tiempo, deben hacer esfuerzos en perdonarse las ofensas e intentar olvidarlas.

Por lo demás, la reconciliación será muy emotiva, ya que los dos tienen un fondo bueno y sabrán entenderse y perdonarse después de haber hablado del problema.

GÉMINIS - LEO

Dos signos compatibles, ya que Fuego y Aire en Astrología hacen buena mezcla.

Géminis, signo flexible, se adapta bastante bien a Leo, ya que, aunque este a veces se muestre autoritario y orgulloso, le comprende bien y sabe que en el fondo «no es tan fiero el león como le pintan».

El carácter artístico y creativo de Leo encontrará en Géminis un admirador que comprenderá a su pareja y la apoyará en todo lo que necesite, aunque más bien de forma intelectual. En este punto pueden encontrar ambos signos un punto de colaboración y apoyo mutuo.

En la vida en común deben salvar, sin embargo, varios obstáculos que, de perpetuarse, pueden hacer peligrar la relación. Leo no entenderá el carácter inestable de Géminis; y este sentirá a veces que Leo es demasiado autoritario y quiere ser siempre el amo y señor de la relación. También a Leo pueden llegar a eclipsarle los discursos interminables de Géminis, cosa que le aburrirá, ya que necesita la mayoría de las veces ser centro de atención.

En el plano amoroso, Leo es demasiado fogoso, y Géminis puede no corresponderle o incluso verse agobiado por sus insistentes demostraciones afectivas.

Para que la relación prospere, ambos deben poner un poco de su parte: Leo debe ser menos autoritario y Géminis menos inestable.

GÉMINIS - VIRGO

Serán dos signos mentalmente complementarios debido a que los dos tienen de regente al planeta Mercurio. Podrán entenderse plenamente en la comprensión de los diversos problemas de la vida y en su forma de entender las ideas y los métodos.

Sin embargo, mientas Géminis se queda en la superficie de las cosas, Virgo irá hasta el fondo y realizará un análisis hasta las últimas consecuencias. En este sentido, Géminis puede acusar a Virgo de maniático, y Virgo puede contestarle que es muy superficial.

Los dos, sin embargo, pueden complementarse si llegan a formalizar una relación de pareja, ya que son distendidos y siempre se entenderán y buscarán algún modo de rebajar la bronca con algún tipo de broma.

Los dos son frios e intelectuales y basarán la relación en un contrato más que en un compromiso firme, pues de esta forma se sentirán más seguros, ya que no les gusta comprometerse de forma rígida.

No obstante, esto no quiere decir que la relación no pueda ser duradera.

GÉMINIS - LIBRA

Es una relación compatible, ya que son de la misma naturaleza elemental: Aire-Aire. Por tanto, tiene probabilidades de ser agradable, pues ambos se entienden perfectamente, ya que basarán su unión en la razón antes que en la pasión.

La belleza natural que corresponde a Libra será una atracción irresistible para Géminis, que caerá en sus brazos en la primera ocasión, aunque nunca lo hará de forma sumisa, como lo haría un Piscis u otro signo de Agua.

Libra, por su parte, no podrá resistir el encanto natural que tiene Géminis a la hora de expresarse con palabras. Pues el dominio de la palabra es su fuerte y, cuando tiene que seducir, no ahorra en hábiles lisonjas y palabras bellas, casi mágicas, para conseguir lo que se propone.

Sin embargo, si quieren que la relación sea duradera, deben evitar el flirteo con otras personas del sexo opuesto, ya que les gusta a ambos. Esto, unido a que, por pertenecer los dos al elemento Aire, no son por lo general signos muy fieles y se permiten cierta libertad, podría ser motivo, si la cosa llega muy lejos, para que la pareja se rompa.

GÉMINIS - ESCORPIO

No son compatibles, ya que Escorpio es un signo de sentimientos profundos y tiende hacia una relación estable y duradera, mientras que Géminis es un signo voluble, más mental e independiente.

Las constantes exigencias sexuales y emotivas de Escorpio, tremendamente terrenas y carnales, no se aceptarán fácilmente por un Géminis que busca experiencias más intelectuales.

Así mismo, Escorpio tampoco entenderá muy bien la necesidad de independencia y de relacionarse socialmente de Géminis.

La relación puede hacerse, sin embargo, llevadera si los dos ponen un poco de su parte y buscan puntos de encuentro y comprensión mutua en el terreno mental. Por ejemplo, Escorpio puede aportar a la curiosidad intelectual de Géminis sus cualidades de investigador nato y mente científica.

GÉMINIS - SAGITARIO

Los dos son signos mudables, uno de Fuego y otro de Aire, dos elementos que en Astrología combinan muy bien. Sagitario es el encargado de exteriorizar la moral, el bien común, y Géminis, el pensamiento, las ideas. Los dos son comunicativos y sociables. Encandilarán con su elocuencia al auditorio, que se lo pasará en grande escuchándolos.

No obstante, deben respetar los turnos de palabra, ya que los dos son muy habladores y, en múltiples ocasiones, puede que hablan a la vez y no se escuche bien el uno al otro.

Es esta una combinación que puede ir bien, ya que la monotonía nunca les alcanzará porque a los dos les encanta el cambio, lo distinto, lo novedoso.

Ambos pueden llegar a ser grandes oradores y la mezcla de los dos puede resultar en una buena atmósfera de intercambio de ideas. Además, los dos poseen un excelente humor, por lo que crearán un ambiente agradable en su entorno.

Los dos tienen necesidad de independencia y, en este sentido, respetará cada uno la libertad del otro, aunque esto no es óbice para permanecer unidos.

Se contarán todos los secretos, no dejando nada para el misterio, sino que en ellos reinará la mayor franqueza.

GÉMINIS - CAPRICORNIO

Son dos naturalezas incompatibles. Capricornio es un signo de Tierra, serio, reservado, práctico, amante de las reglas y las leyes, tranquilo y poco comunicativo. Géminis es más bien ligero, versátil, y necesita comunicarse constantemente e intercambiar ideas con los demás.

Capricornio, para resolver sus problemas necesita calma, silencio y soledad que le permitan concentrarse, y no soportará a un Géminis, cuyo discurso es imparable y que estará la mayoría del tiempo inquieto, lo cual le irritará sobremanera.

No obstante, pueden llegar a alcanzar cierta armonía si Géminis tiene la paciencia de escuchar a Capricornio sus problemas y preocupaciones sin dispersar en todas direcciones y dar la sensación de que no le escucha. Y Géminis debe aprender a no agobiar a su pareja con su insistente discurso.

GÉMINIS - ACUARIO

Dos signos de Aire que pueden llegar a entenderse muy bien, debido a su naturaleza más cerebral que emotiva.

Entre los dos habrá un intercambio de ideas y opiniones que hará imposible la monotonía en la pareja. El uno (Acuario) es creador de ideas originales; el otro (Géminis) puede expresarlas con gracia y naturalidad, ya sea oralmente o por escrito, convenciendo a su auditorio por su fluidez de vocabulario y su convicción.

Como ambos signos son de naturaleza sociable, tendrán un amplio abanico de amistades, con las cuales compartirán sus ideas y aficiones.

En resumen, una relación fructífera en todos los sentidos, que podría ser feliz y duradera.

GÉMINIS - PISCIS

Ya sabemos que Agua y Aire no son compatibles, lo que se traduce en sentido práctico en que la emoción y la razón no se llevan muy bien.

Piscis es soñador, amoroso, volcado en los sentimientos; y Géminis es un signo mental, práctico, racional. Por tal motivo

no encajará bien con una pareja que no
atiende demasiado a razones y se guía más
bien por la emoción.

Piscis busca una relación sensible, ro-
mántica, tierna, que le permita amar con
abnegación en la quietud y soledad. Pero
Géminis, cerebral e inestable, no podrá sa-
tisfacer este ideal, pues buscará un amor
más intelectual con el que compartir ideas
y proyectos sin quimeras o sueños de tipo
romántico. Más comunicativo y que no se
refugie tanto en sus sueños y quimeras.

El amor y respeto son las bases para
que esta relación vaya bien, y entender
la manera de ser, gustos y aficiones de la
pareja, sin poner cortapisas ni trabas, hará
que, aunque la relación sea difícil, no obstante, pueda resultar agradable y enrique-
cedora.

SALUD

Géminis rige los pulmones, los bronquios, las manos, los brazos, los hombros, las costillas superiores, los nervios, la respiración y la oxigenación de la sangre, la glándula tymus. Por tanto, las aflicciones o malos aspectos de los planetas sobre este signo pueden llegar a producir las distintas dolencias que afectan a estas zonas del cuerpo:

Bronquitis.
Catarros.
Pulmonías.
Asma.
Enfermedades nerviosas.
Fractura de brazos y manos.
Anemia.
Tuberculosis.
Intoxicación sanguínea
Neumonías.
Etc.

El hombre y el Zodiaco, de Paul Malouel, muestra las asociaciones de los Signos del Zodiaco con las distintas partes del cuerpo.

Así pues, deberá tener especial cuidado con estas zonas de su cuerpo y prestarles más atención de lo normal, y no abusar sobrecargándolas o sobreexcitándolas.

Cuando se producen malos aspectos sobre Géminis da lugar a todos los problemas relacionados con una mala administración de la energía de Géminis y Mercurio, planeta que rige el signo. Si quiere evitarlos, debe tener especial cuidado y tomar conciencia de cómo está trabajando dicha energía. Por ejemplo, la mala administración de esta energía se traduce por comportarse con los peores defectos del signo: envida, calumnia, etc.

Si quiere mantener una buena salud, tanto física como mental, debe evitar al máximo este tipo de comportamientos y desarrollar las cualidades positivas del signo.

TRABAJO

Géminis necesita trabajar en todas aquellas profesiones en las que pueda desarrollar su potencial comunicativo y expresivo.

Por lo tanto, le irán bien los empleos de Periodistas, presentadores de radio o televisión, escritores, conferenciantes, oradores, impresores, editores, intérpretes, carteros, intermediarios, etc.

Al estar relacionado con la casa III que rige los transportes, también le irán bien los trabajos que tengan relación con los medios de locomoción: conductores de autobús y taxis, transporte de mercancía, agencias de viaje, guías turísticos, etc.

Los nueve Coros Angélicos se mueven en torno a la esfera central, que representa a la Divinidad.
Ilustración de Gustavo Doré para la obra de Dante Alligeri *La divina comedia.*

ÁNGELES DE GÉMINIS

La esfera del Zodiaco mide 360 grados de longitud, que se divide entre los doce signos del Zodiaco, dando como resultado un espacio de 30 grados de longitud a cada signo.

Dentro de estos 30 grados tienen su domicilio y radio de acción 6 ángeles conocidos en la Tradición como genios de la Cábala, a razón de 5 grados por ángel.

Con respecto al signo de Géminis, los nombres de estos ángeles son los siguientes:

De 0 a 5 grados de Géminis (22 al 26 de mayo) rige el ángel llamado Iezalel.

De 5 a 10 grados de Géminis (27 al 31 de mayo) rige el ángel llamado Mebahel.

De 10 a 15 grados de Géminis (1 al 6 de junio) rige el ángel llamado Hariel.

De 15 a 20 grados de Géminis (7 al 11 de junio) rige el ángel llamado Hakamiah.

De 20 a 25 grados de Géminis (12 al 16 de junio) rige el ángel llamado Lauviah.

De 25 a 30 grados de Géminis (17 al 21 de junio) rige Caliel.

El nativo de Géminis tendrá uno u otro ángel guardián dependiendo de la fecha en la que haya nacido dentro de este radio de acción, con él podrán comunicarse en cualquier momento para pedirle que le ayude en su acción cotidiana y cumplir así con el objetivo de su Yo Superior.

Las enseñanzas y virtudes que proporciona este ángel durante la vida del nativo son las siguientes:

IEZALEL, DEL 22 AL 26 DE MAYO

Adquirir buenas y sólidas amistades; ayuda e inspira a escritores y artistas para que tengan éxito en sus empresas; enseña cómo ser un buen orador y comunicador. Instruye a los políticos sobre la forma en que deben hacer política e incrementar su oratoria; da una buena memoria y una gran capacidad de percepción, así como un excelente ingenio; proporciona la relación con personas importantes, de las cuales recibirá favores y ayuda; asegura el amor para la persona y la fidelidad conyugal; y revela los planes secretos de sus enemigos antes de que los lleven a cabo.

La esencia de su programa es:

FIDELIDAD. Y esta cualidad es la que más sobresaldrá durante toda la vida del individuo que haya nacido bajo su influencia.

Clave: *Fidelidad que hará tener sólidas y buenas amistades.*

MEBAHEL, DESDE EL
27 AL 31 DE MAYO

Victoria frente al enemigo, Justicia, Verdad y Libertad para liberar a los oprimidos y prisioneros que han sido puestos en la cárcel injustamente; protección de los inocentes; amor por la jurisprudencia y distinción en su ejercicio; protección de los inocentes, reconquista de lo perdido injustamente; ideas para realizar planes de paz; telepatía.

La esencia de su programa es:

VERDAD, LIBERTAD Y JUSTICIA.

Y esta cualidad es la que más sobresaldrá durante toda la vida del individuo que haya nacido bajo su influencia.

Clave: *Verdad, Libertad y Justicia para tener éxito en la acción cotidiana.*

HARIEL, DEL 1 AL 6 DE JUNIO

Filosofía oculta, magia y cábala; conocimiento de artes y ciencias; descubrimientos útiles e importantes; métodos de autoprotección; amor por la paz y fórmulas y mecanismos para llevarla allí donde se encuentre la persona que esté bajo su influencia; protección contra las falsas creencias y los enemigos del bien; convencimiento para volver a la fe; liberación de malos hábitos y purificación de las costumbres. Si se necesita la protección de personas importantes, este ángel también se la proporcionará.

La esencia de su programa es:

PURIFICACIÓN. Y esta cualidad es la que más sobresaldrá durante toda la vida del individuo que haya nacido bajo su influencia.

Clave: *Herramientas para poder desprenderse de hábitos negativos.*

HAKAMIAH, DEL 7 AL 11 DE JUNIO

Lealtad, honor, renombre, gloria y riquezas; protección y favores de los reyes y altos dignatarios; descubrimiento de los traidores; remedios para la infertilidad femenina y confección de amuletos para este fin; victoria contra los enemigos; el favor de grandes personajes; protege contra las asechanzas de los rebeldes y los traidores.

La esencia de su programa es:

LEALTAD. Y esta cualidad es la que más sobresaldrá durante toda la vida del individuo que haya nacido bajo su influencia.

Clave: *Lealtad, honor y renombre hacia todo lo que es noble y elevado.*

LAUVIAHL, DEL 12 AL 16 DE JUNIO

Paz de espíritu y sueño reparador; reanudar antiguas amistades; sueños proféticos; descubrimientos e inventos maravillosos en ciencia y tecnología, sobre todo en química y electricidad; intuición y gusto por la música, la poesía y la literatura, donde, si se aplica, puede alcanzar fama y renombre; percepción de la verdad interna y capacidad para distinguir lo falso.

REVELACIÓN. Y esta cualidad es la que más sobresaldrá durante toda la vida del individuo que haya nacido bajo su influencia.

Clave: *Paz de espíritu y revelaciones maravillosas, que permitirán comprender las cosas al instante.*

CALIEL, DEL 17 AL 21 DE JUNIO

Ayuda inmediata en las adversidades; conocer la verdad en los juicios y hacer que triunfe el inocente; confusión de los culpables y falsos testigos; gusto por la verdad; distinción en la magistratura; protección contra el escándalo y hombres viles y deshonestos; capacidad para conocer las hierbas y las piedras preciosas para usarlas en métodos curativos; conocimientos de cábala y ciencias mágicas; protección contra los escándalos y los hombres viles

La esencia de su programa es:

JUSTICIA. Y esta cualidad es la que más sobresaldrá durante toda la vida del individuo que haya nacido bajo su influencia.

Clave: *Justicia y ayuda inmediata en las adversidades*[1].

---

[1] Para más información sobre el tema de los ángeles y la Astrología, véanse mis libros: *Ángeles protectores y Ángeles, las fuerzas ocultas del Universo,* publicados por esta editorial.

PERSONAS CÉLEBRES NACIDAS EN GÉMINIS

- Alfonso Guerra González, 31-05-1940: político socialista
- Angelina Jolie, 04-06-1975, actriz
- Clint Eastwood, 31-05-1930: actor y cineasta
- David Bisbal, 05-06-1979: cantante
- Demis Roussos, 15-06-1947: cantante
- Fernando Ónega, 15-06-1947: periodista
- Guillermo Díaz Plaja, 23-05-1929: escritor
- Isabel Caballer, 31-05-1963: comunicadora
- Jaume Vicens Vives, 06-06-1910: historiador
- John Wayne, 26-05-1907: actor
- José Luis Coll, 23-05-1932: humorista

- Juanito Valderrama, 24-05-1919: cantaor
- Lola Forner, 06-06-1960: actriz
- Luis Llongueras, 24-05-1936: peluquero
- Marilyn Monroe, 01-06-1926, modelo y actriz
- Mónica Naranjo, 23-05-1974: cantante
- Naomi Campbell, 22-05-1970: modelo, actriz y cantante
- Rafa Nadal, 03-06-1986: jugador de tenis profesional
- Thomas Mann, 06-06-1875: escritor, novelista y ensayista
- Thomas Moore, 28-05-1779: escritor y músico

TALISMANES

Los amuletos o talismanes de Géminis deben fabricarse con todos o parte de los elementos relacionados con el signo. En particular, con las gemas, los metales y los colores. Por ejemplo:

Las gemas de la suerte de Géminis son el cristal y aguamarina. El metal es el mercurio. Así pues, se pueden fabricar amuletos con estos elementos y llevarlos encima, bien la piedra o metal a secas en un bolsillo o bien como colgante, llavero, etc. También se puede hacer una bolsita del color del signo, poner todos estos elementos dentro y llevarlo como amuleto.

El color de Géminis es el gris. Por tanto, todo lo que sea de color violeta o gris también favorecerá al nativo, ya sea ropas o cosas que destaquen este color.

El día de la semana en el que tendrá especialmente suerte será miércoles. En este día puede comenzar todo tipo de proyectos y acontecimientos en los que quiera tener un efecto favorable. Siempre que no sea para perjudicar al prójimo, claro está.

Sus números de la suerte son el 3 y el 5, y todos sus múltiplos.

Hay que tener en cuenta que un amuleto por sí solo no sirve para nada si no le acompaña una actitud positiva y favorable del individuo y un deseo de avanzar en un camino altruista y benevolente hacia los demás. De esta forma, atraerá a su vida las energías favorables procedentes de las entidades espirituales que operan en Géminis.

OTROS TÍTULOS PUBLICADOS POR ESTA EDITORIAL

LA ESENCIA DE LOS DOCE SIGNOS DEL ZODIACO

Un libro esencial para conocernos a nosotros mismos mediante un estudio completo de cada signo del Zodiaco

ÁNGELES, LAS FUERZAS OCULTAS DEL UNIVERSO

Un estudio completo sobre la importancia de los ángeles en el Universo y en nuestra vida cotidiana, donde se dan a conocer sus nombres y sus funciones específicas.

EL MENSAJE OCULTO DE LOS ASTROS

Un manual completo de Astrología, tanto para el principiante como para el astrólogo avanzado. Extensa interpretación astrológica, y, además, se adentra en el tema de las Sinastrías, la Astrología médica y la Parte de la Fortuna, con muchos ejemplos interesantes.

CÓMO LEVANTAR UNA CARTA ASTRAL, Manual para principiantes.

Un manual para cualquier estudiante: sencillo, ameno y directo, donde se facilita al lector un guión para levantar cartas astrales e interpretarlas.

CÓMO INTERPRETAR UN HORÓSCOPO SIN AYUDA DE NADIE

Enseñanzas básicas para interpretar un horóscopo. Aprenda lo más necesario de su carta astral sin necesidad de hacer cursos interminables.

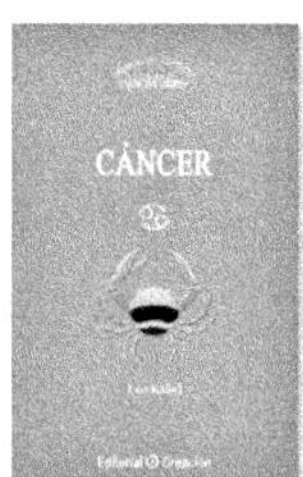

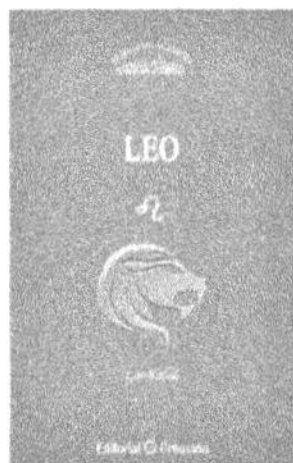

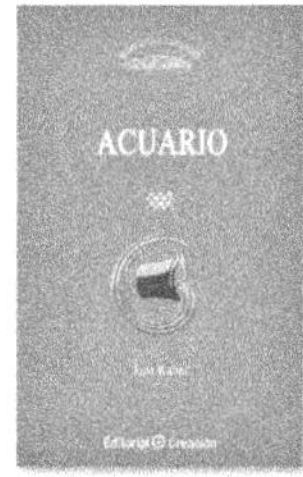

LOS 12 SIGNOS DEL ZODIACO
(ESENCIA CÓSMICA)

Una colección esencial, con un estudio
completo de cada signo: personalidadad, afinidades
e incompatibilidades en al amor, salud, trabajo, ángeles
y fuerzas de los astros, etc.

www.ingramcontent.com/pod-product-compliance
Lightning Source LLC
LaVergne TN
LVHW010702200726
843507LV00011B/1972